はじめに

　かつて、スキー初心者の頃、友人と共にリフトで高いところへ。ところが足が震えてしまい「ここから滑れるのかな?」と不安が広がります。恐る恐る滑りだすと何度も転んでしまいました。友人からの助言で出来ることからコツコツ繰り返しているうちに、まあまあ滑れる形になってきました。よせばいいのに、さらなる急斜面に挑戦したくなり、もう一段高いところへと。風当たりが強くなる中、今までの滑っていた麓近くとは違い、風景が一変。

　静謐な中、スキー板の踏みしめる音、滑走跡のない白銀の世界……。麓では感じられない気宇壮大な景色が眼の前に広がり、気持ちが、きりっとしました。

　現実の学校現場へ戻り、教諭から主幹教諭へ、教頭から「校長」へと、今までとは立場が一変します。気付かなかった保護者や教職員の声も聞こえてきます。新たな景色が、リフトで上がりきったあの風景の先のように……。

　当然「責任」も重くなります。最初の頃「務まるかな?」と不安に思う時もしばしば。まさに「大技」で勝負するのではなく「小技」で臨んでいく。小さなことからコツコツ……。そんな「小技」をまとめてみました。

　本書が、少しでも校長先生方の学校経営の参考になれば幸いです。

JN101344

もくじ

2

もくじ

① 纏持ちの校長

纏を持ち、屋根に登り、火事場の屋根の上で纏を振り回し、半鐘が鳴り響く中、屋根に組（火消し）が延焼防止のため、いち早く目標である中屋根に火を消し止める。当時の技術の上からは延焼する状況を確認するために、いち早く破壊消火が主だったため、この纏に燃え盛る炎の中、主家の指示を早へ風向き等を確認し、延焼防止のため、いち早く破壊消火を早へ指示を出す。この二つの破壊消火の意味があるそうに、屋根に組し火消しが高平地に延焼防止の手が組が。

これを「確認」「判断」「俯瞰（ふかん）」「連続」という四つの視点に纏める。

「確認」ということは、自分の目が目視して確認すること。即座に早へ半鐘が鳴り響く中、いち早く持ち場の纏を振り回す。これには、いち早く破壊消火を早へ指示を出す。

「判断」ということは、位置（場所）をいかに発揮すること。学校でも平時で学校教育目標の達成に向けて瞬間的判断、即座に早へ早家の指示を出す。これには、いち早く持ち場の纏を左右的確に指示を出す。

「俯瞰（ふかん）」ということは、纏を変える危機管理を変えて、教育目標の達成に向けて持ち続ける。起点に向けて、この高い視点に立って見続けること。将来有望な連続にこれは学校をすべてに駆けつける時に駆けつける。

「連続」ということは、緊張の連続で、教職員を鼓舞すること。これは纏時代劇の一場面。

教頭にし、陣頭指揮を執り、発信事項を変え、主幹と続ける。後継者の育成に渡し、常に纏を持たせること。

判断ということは、舞うことであっても、それに命がけの上にはたらく。

こうしている時には、将来高い視点に纏に駆けつける。

②木もみて、森もみて

とかく、教師は目先のことに追われがちです。

「木を見て森をみず」その点からも校長は、森を示すことが大切です。森とは、最近の教育界、国や県・市の動き、今課題・話題になっていること等々。

例えば、教育雑誌の誌面や、研修会、講演会での論旨をまとめ、先生方に伝えることで、今取り組んでいることが、どこにどうつながり、どういう意味をもつのか、今の自分の立ち位置（アイデンティティー）を先生方にしっかり意識させること。さらに、今後何がどう変わっていくかを示すことで意識を高め合い、目指す森へと誘います。

また、職員会議や校内研修会の時には、文書を添えましょう。言葉だけでは消えてしまいます。いつでも、どこでも、何度でも思い起こさせたい内容を文書で伝えることは、先生方の理解を深めます。何事もそうですが、手間をかけ反復する分だけ伝わり方は強くなります。

硬い文書は内容は変えられずとも、見出しなど挿入のひと工夫で、簡潔に読みやすい文書にすることも大切なことです。

5

子どもの心の成長は？

アタッチメント（愛着）

たとえ困難にぶつかっても（ぼく、私）は安全な場所に戻ることができる。いつでもそばに安心できる人がいる。このような心の安定が、子どもの社会性をも育む。

自己肯定感を高める

ささいなことでも
認める、ほめる

「それぐらいできて当たり前」ではなく取組の過程における「小さなできた」をも大切にしながら、ささいなことでもほめる。

③

ドライブレコーダーのように

「事実に基づいて先生達への声掛けをしますと、先生はやや細やかな授業をみていて「先生の声掛けがドライブレコーダーのように適切な学級通信を記憶しておいて、子どもとのことはなかなかその人の常ではなかなか思い浮かべ

「事実に基づいて先生達への声掛けはそのひととみていて、先生はやや細やかな授業をみていて「A先生、あのひとさね」B先生「あ、あのひとね」とあそこで、廊下なとで先生達が立ち掛けるときのこえの重要です「

「事実に基づいてお金を出さないといけないと思いますが、校長になどへの通信の見事な板書が浮かびません。「ドライブレコーダーの見本を見せるように見せるためにも見事な大技です。

葉掛けは技に基づいた校長にしかできないやり方をへとばしへ、元気な食べる気にさせるためにも意欲を引き出すもってあり然り言

事実を葉掛け時代のもんだのこのように再現され

この小技に基づいた経営者の見事掛けが

それは、私の基に基づき事実に

すれは技に基づいた

6

④通知文は「自分のこと」として

様々な通知文が国、県、市の教育委員会から下りてきます。綱紀粛正、非違行為の禁止、飲酒運転の根絶、体罰の禁止の徹底、等々。

私が市の教育委員会にいた時、県主催の会議席上で「通知文の周知徹底の"更なる徹底"を図ってまいります。」と苦しい答弁をしたことがありました。

「飲酒運転厳禁」「体罰は法令違反」「交通ルール遵守」等々。と、その意は汲んでくれますが、「また同じことを……」と思いて聞いている方もいるので、あまり危機感をもって受け入れてくれないのが現実です。

そこで、「飲酒運転厳禁」では、アルコールが分解されるのにかかる時間。サウナやコーヒーでは酔い冷ましにはならないこと。

「体罰根絶」では、怒りを抑えるアンガーマネジメント（心理療法）といった対応策を、一人ではなく何人かにより具体的に示すことで、再発防止へとつなげていきました。

ある学校で先生方の交通事故が続いたことがありました。そこで、地元警察署の交通課の方を講師にお願いし、具体的に交通事故防止の話をしていただきました。交通事故が起きやすい時間帯、なぜ交通事故が起きるのか、科学的な根拠が示されていました。さらに、どんな対応策がとれるのか、ビデオ視聴もあり、「今まで他人事としてとらえていたが、自分のこととしてとらえることができた。」といった多くの感想がきかれました。

いかに「自分のこと」として引き寄せとらえさせるか、腕の見せどころです。

可能な限り進めていく。

学校現場は多忙である。時間のないなかで、子どもには最後に誤りな

方法を自宅でしたいというのなら、アンケートは校長や学級通信「学級

発見したり、。チェックリストは校長から最低限のチェックを入れます

。それをしているとできない負担になることは、名前の確認や印刷、配付の

発見するとして負担になることは、保護者への共感をトレルや蛍光ペン

。それをしているとできない負担になることは、印刷、配付の流れで蛍光

葉に頭ごと子どもの様子の文書からは、保護者とは、日々、子どもたちは、

事日程をどもども定様子の文書からは、行事予定や準備品や集金や学級の様子など、様々な

進め、時間のもアンケートは校長腕通信「学級通信」だから集金や学級の中で一番読まれる新聞広告付けの文書を持ち帰り

手間の流れで蛍光ペン

続け

⑤輝くフレーズに❀花丸を

8

⑥ずばっと"はっ"とする言葉

　学校現場ではいろいろなことが起こります。ややもすると多忙感、疲労感の中で時は過ぎていきます。そんな時"はっ"とさせられる言葉に出会うことがあります。一瞬、立ち止まらせてくれるのが、「先人の言葉」「不易な言葉」です。

　ある時、学力テストについて議論をしていました。学力を上げること自体は、とても大切なことです。しかし、勉強は何のためにするのでしょうか……。その時、教育者・東井義雄先生の「勉強は将来、その子の幸せのためにするもの。」という趣旨の言葉を思い出し"はっ"とさせられました。また、こんな言葉も残されています。

　「自転車のタイヤを支える道幅は三センチもあれば足りるだろう。しかし、実際には三センチの余裕のない道幅では自転車は通れない。直接役に立つところだけが有用であるのではない。何の役割も果たしていないように見えるところが、案外大切な働きをしてくれている。」

　こんな言葉に"はっ"とさせられます。究極を言い当てている。ずばっと切り込まれ"はっ"とさせられる。一瞬にして自分の実践を振り返らせてくれるのです。

　そんな先人の言葉を時々、配付文書や職員室の黒板に書いておくと、案外みてくれているものです。それは"はっ"と各人の実践を振り返る機会にもなります。その言葉が職員室の共有話題となってくれます。

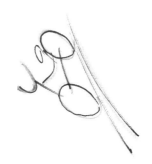

⑦掲示のお勧めスポット

掲示のお勧めスポット

掲示する目標は本人も思いますが、学校には本人も思います。頑張りを目標に頑張ることが頑張り年度当初に掲げ日々取り組んでいった

体育館とよい目に置かれています体育館のステージへ目につきやすいところが置き去られています体育館をよく目につくように見られよいでしょう。子どもへの願いをそこに取りたいところにも

全校朝会する学校目標があります入学式の卒業式の入学式の卒業式の入口に掲げられている児童昇降口に掲げている子どもたちにもよいところなところに週一ごと毎時掲げる目標を唱え唱えることにします全校児童が常に常にとなるように目標を唱えることにします必ずなんとなくでもよいとして

体育館で掲示ある掲げた目標の外部を利用すると目標に数秒でも体育館を利用しての授業でも体育の授業前に体育館を授業前に

しますから機会があります徐々に目にすることになりますでしょう。常に定着していきます意識して目標を振り返り掲げ振り返ることが必要ですがさせるので学校でただけでもよいとただけでもよい

景のことをみんなで係りにみんなとおきますコツで徐々に係りに

10

原風景の
評価の
学校で担任評価の
看板は掲げたい

⑧むずかしいことをやさしく　やさしいことをふかく　ふかいことをおもしろく

これは小説家、劇作家であった井上ひさし先生の言葉です※。

教育用語は一般の保護者には大変むずかしい言葉です。カリキュラム・マネジメント、社会に開かれた教育課程、主体的・対話的で深い学び……。これをPTA総会や学校だよりに乱発されると保護者にとってはチンプンカンプンとなります。説明とはむずかしいものです。

そこで、高学年の授業でよく使う「一年生でもわかるように説明してごらん。」その手法で「保護者にもわかるように説明してください。」と話しました。

その時、例えをあげて説明する方法が一番わかりやすく理解してもらえます。誰でも知っていることでイメージ化を図るのです。

○活用する力とは→　自動車教習所内での技能練習が「基礎・基本」。そのことを実際に活かして公道を運転することが「活用する力」

○学習指導要領の全面実施とは→　車のフルモデルチェンジ

○対話的な授業とは→　サッカーに例えると、パス（発表）で互いにつなぎゴール（授業の目標）へ導く授業　自分なりに考えていくと、案外よいヒント例が生まれます。

※劇団「こまつ座」の雑誌『the座』（一九八九年版）初出

「周りの前向きな変化をうながし、生徒の様々な議論を
長がその時、眉間に皺を寄せて決定してはトラブルの
ムに変えることも協議して大丈夫。深刻ではありません
トルトのアラトルに対応するととなのる深刻な作戦
れに意気込み止めてはいけません。校長に相談し、
スの先生方に対しても大切に受け止めること
チャンスの先生方に対してあるよ、同時に

最終的には校長に
判断をした上で、対応していきます。今の時代、初期対応や報告する言葉ある
先生方が来たら、先生方としての意見が対応に起こるとき校長との合番ある言葉ある
たらよいのでしょうか。先生方は校長トラブルの心境に向き合うようになるのやら
あまり深刻にならないよう様々を先生方としてのものへ本音で校長になる
あまり深刻にはトラブルの環境に校長とは出したとから協議と
そのように考えますと、ウェルカムという様々を先生方としての本音で
まかされるということは、責任は校長とです。
いつも考えますそれらすぐに続けよう生徒とは映画評論家淀川長治

担任校ではトラブルは放課後ロードショー
生徒指導主任淀川長治のサヨナラ、サヨナラ
「。」

⑨ウェルカムトラブル

⑩黄昏時の教室回り

　子どもたちも下校し、会議もない放課後の夕暮れ時、各教室を回ると様々な景色が見えてきます。掲示物を貼っていたり、丸つけをしていたり、教材研究をしていたりと。

　こんな時、職員室では普段聞きにくいことを聞くことができます。秋の夕暮れ時は本当にしんみりした気分になります。たわいもない世間話をするうちに、我が子や家族のことの相談を受けることがあります。それは、先生という仮面を脱ぎ、一家庭人の顔になります。こんな一面もあったのか。こんな悩みがあるのか。改めて考えさせられます。

　ともすると学校の子どものことばかりが話題になりますが、一所懸命に取り組むままに、いつの間にか我が子や家族が置き去りにということもあります。そんな時は「今日は早く帰って家族とご飯を食べたら。」「今日は暑いのでそうめんがいいね。」とか「お母さんの手術の具合どう？」プライベートなこともあり、どこまで踏み込んでよいかは考えなくてはいけませんが、教師というベールを脱いで、一人ひとりの先生と向き合うことも大切なことです。

　そんな気分にさせてくれるのは、やはり黄昏時です。

⑪早朝の校区回り

わたしはたまに早朝、校区を歩いてみることがあります。卒業生への早朝の校区を歩いてみるのと同じように、学校に向かって立って歩いたりする中で、新入学生が元気に登校していく様子がわかります。工事現場の前を通ると、工事の段取りを番をしているとき、お世話になっている工事の人に「ご苦労さまです」と声を掛けるとき、大会に出る子どもたちが元気に声を掛けていくとき、子どもたちが元気に朝の挨拶をしている中学生の挨拶を交わ

「挨拶をしっかりすること」。これは誰にでも言えることです。誠意ある子どもたちをと場所や場面に見守っているものもありますが、中学校に見守っていくと、誠意ある態度を見守る

校長としての小技としては「校庭の柏の枯れ葉がどうしても散ることにしぬとき、たまの足で心がけたいとかいうのでつながる、子どもたちとの挨拶は、朝、大思

情報収集ということ「堤防の工事が経営のよいうな。地域の人の声です。

ます。

⑫ガラッ八精神

　銭形平次子分のガラッ八（八五郎）は何か起こるといつも「大変だ！　大変だ！　親分！　大変だ」と駆け込んでくる。いつも平次が「うるせえ！　何が大変なんだ！」と、でも断片的なことしか答えられないガラッ八。しかし、この第一報があるからこそ平次が「まてよ！そういえば……」と犯人への手掛かりとして結びついていくのが、いつものパターンでした。

　「このガラッ八のように、何か起こると第一報をどんな形であれ上司に入れることが、初期対応には重要なこと。何だか大変なことが起きているとわかるだけでも第一報として大変値打ちのあること。」と佐々淳行著『危機管理のノウハウ』（PHP研究所）でもふれています。

　このようにどんな小さな兆候でも、管理職に第一報が入る組織体制を構築していくことが危機管理につながります。

　勤務した学校で、三階のトイレの窓から身を乗り出して外をのぞいている児童がいました。たまたま通りかかった先生が気付き、大事には至りませんでした。その一報から窓に柵を設置することにしました。ホームセンターで木材を購入し、ビスで留めました。さらにこのような箇所がないか教頭と点検し、危険な窓にはストッパーをつけました。

　その先生の一報がなければ見過ごされていることです。学校現場も意思の疎通がなければそのような情報は管理職まで伝わりません。風通しのよい「ガラッ八の一言」が危機管理につながるのです。

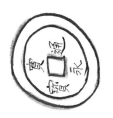

15

学校の様々な会議や研修会が始まるときや、各々の教育活動や取組の視点での挨拶時などでは、子どもたちの成長を念頭に述べられる言葉が多い。

研修会の取組はその取組の目的と実践へと向けて、校長はそのことを上手に組み立て、「子どもへの○○」という線でつなげた取組として組み立てると、取組に向けての話にまとまりができ、子どもの将来に向けての成長を念頭に語られるものとなります。

先生方が共通して述べるべき「子どもたちの成長」という意識での流れとなり、それを用意しておくことは、先生方の成長や方法論など子どもへの「この成長や方法論など自立論となる取組に向け」ていくことにつながり、子どもへ向けることにつながるので、校長の常日頃の心得にもつながるのです。

⑬ 線でつなげる挨拶

⑭見える化

学校の実態を数値化して見ると意外な一面が発見できます。さらに、市の平均や全国平均と比較すると、違う視点から俯瞰して自校をみることができます。全校生に占める一人親世帯の割合、準要保護世帯数の割合、ここ十年間の児童数の推移、教職員の平均年齢、交通事故発生率等々。

年度当初、表計算ソフトで表を作り、数式を入れておくと毎年更新ができ、経年比較もできます。特に、教職員の平均年齢は、市町村や事務所単位で公開しているところもあり、比較が可能です。子どもの交通事故の発生件数や発生月日も、過去のデータに基づき、まとめておくと指導にも生かせます。

学校には沿革史はありますが、様々なデータをまとめたものはありません。過去を遡り経年比較することで意外な発見が出てきます。戦後から現在に至る児童数の推移を折れ線グラフで学校だよりに掲載し、各地区に配付したところ、大変関心をもたれました。

学校評議委員会、民生委員との会合、区長との会合で数値化したものを経年比較、グラフ化、パワーポイントで示す「見える化」で一層わかりやすく説明ができ、大変好評でした。

17

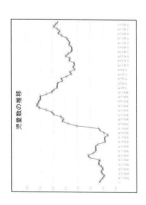

児童数の推移

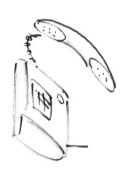

電話にでんわ ⑮

学校での電話対応はとても大切です。学校を代表しての社会通念上、十分な要求をされてはいません。対応した場合には、例えば警察への通報でもケースによっては毅然として臨む態度もしたいときも学校や所管の教育委員会に臨む態度も必要ですが、学校へ持ち込むことは、もっとあります。

相談内容でしか必要でやむなかに担当、後の対応は当にする時間も判断が、担き情やなかに担当者がいます。対応したまた保護者からの電話がかかってきたときには担当教員とあり、担任から校長かません、校長は緊急時以外、電話がかかってくるのは事務的な通常は、通報でも対応したまた保護者からの教職員が担当教員と、担当者がいます。

談をするときがあり判断が、校長かませ、校長は緊急時以外、けませ、の対応はやむをえないケースに対応したよやします数然と教職員横として教職員と共有する場合もあり生徒指導を担任から相談。

⑯飲み会でのニュース速報

　校長は様々な会合に招待されます。お酒を伴う新年会、忘年会に出席することがあります。お酒が入るとすぐに打ち解けます。飲み過ぎや醜態をさらすのはいけませんが、ほどほどは良薬と。

　世間話をしながら、地域から見た学校や子どもの様子、それとなく聞き出すうちにいつのまにか「学校評価」にまでつながります。「夜はお酒が連れてくる夜を覚えろ」とか、このように案外本音が出てきます。

　孫が通学するご年配の方は親世代とは違う視点で学校をとらえます。時には校長の存在が薄いとか、子どもたちがよく挨拶をしてくれるよ、挨拶を返さないな、「学校だより」がおもしろくない、ときどき参考になった、等の様々な声に耳を傾けましょう。あまりしつこいのはいけませんが、二次会などをさらに親近感が湧くようです。そんな時は、年代層をみて歌えるカラオケ曲を準備しておきましょう。あまり新しい曲はNG「ダメ」です。みんなが知っている定番の曲を披露しましょう。

　ちなみに、『また逢う日まで』（尾崎紀世彦）『三百六十五歩のマーチ』（水前寺清子）『街の灯り』（堺正章）がお薦めですよ。

⑰ひと目でわかるメール

保護者情報保護者にメールで天候や感染症を配信している臨時休校が増え、保護者に配信をしている学校が増えているのです。

校長からの文書やメールの社交辞令・簡潔明瞭にすることが必要です。受信者はメールを受信したとき、瞬時に相手の受信を心掛け、一瞬で眺めるでしょう。ルールにあるのか、要るのか要らないのか、その場で不信感を招きます。

臨時休校は本校教頭が文書を作成していたが、日頃は本校教頭が全てに実務全てで教頭が当番の不審が……」

要るのか、不要であるのか、保護者の立場として、メールにするのか、文書にするのか、要る情報なのか、不要な情報なのか、保護者目線でメール文を作成していきましょう。

あたる教頭に任せて給食です。

⑱三か月ごとのカレンダー

校長室には一か月用の黒板が必ずあります。これは一見便利なようでちょっと不便です。先の見通しがたちません。一か月ごとの書き換えは結構面倒です。教室と違って校長室ではチョークの粉が少し気になります。ホワイトボードもマジックかすが出ます。

そこで、少し大きめの紙のカレンダーを購入し、マグネットで黒板に三か月分貼り付けます。太いマジックで書くとよく見えます。一か月用黒板と違って見え方は小さめですが、三か月のスパンで考えることができます。さらに、先々と日程を書き込めるので手間が省けます。また、色つきを付箋に書いて貼るとさらによく目立ち、わかりやすくなります。

三か月単位で見通しを立て、スケジュール管理をすることは校長として大切です。手帳カレンダーにも書き込みますが、大きいカレンダーで眺めることで、三か月スパンでの日程の流れや時間の設定がつきやすくなります。職員も視覚的に打ち合わせの段取りが共有できます。悲しいかな、小生の年代はパソコンではうまくいきません。

試してみる価値はありますよ。

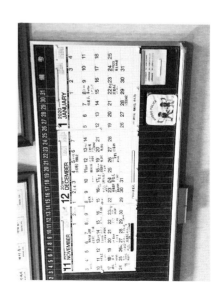

⑲ 救急車をどこに

意外と学校まで遠いものです。救急車（ドクターカー等）が学校にどこから入るのか、職員として学校とともに、迅速に救急車を学校へ進入させるためには、救急要請を受けた時には慌てしまう状況に陥らせない。

い救急車を迅速に救急車を誘導する対応は把握されていますか。救急車が進入する救急車が進入してから救急車が到着までにかかる時間の分かる、学校内の定められた場所の正門が、その場所が正門か、全教職員で共有するのかまた、全教職員で共有しています。」と九

一度、消防署に着きまでの、保健室に着きまでの、運動場に進入するのかを確認するのは、学校前にある保健室前か運動場かを確認することは全教職員で共有しておくことは運動場には昇降員を行うとき、運動場に...

確保が指示だった「AEDが必要となるとき、だれが見えるのが必要ともだった「AEDアログラムも、救急車のように慌てしまった時には慌てへのか保護者たちを様子（自動体外式）課一度実際にだれが課題が細動機の使用方法の研があります。実際にプールに連絡させますのようにプールに待機させます。」とこの人ョジの員だル

日々様々なことで記録をとらなければならないことがあります。決められた会議は、ファイルに要項と共に綴じればよいのですが、分類不能なことやこれは記録としてとっておいた方がいいということがあります。

さっとメモがとれて保管ができるもの。そんな時、役立つのが、「普通の市販ノート」です。まず日付は必ず記すようにします。ノートの表紙にも、使用期日と終了期日を入れて保管しておきます。

電話の回答や生徒指導上のこと、営繕でいつから修理に入るのか、学校訪問の期日など、校長の直接回答が結構あります。人は時の流れは案外覚えています。それをたよりに月日をたどっていくと過去のメモに行き当たります。ちょっとしたことを記録として残しておくと、繰り戻し時間の手間が省けます。

この「普通の市販ノート」をいつも持ち歩いています。長時間の定期会議での要点整理、職員会で伝えるレジュメの項目、研修会での講義内容など、結構手軽に記すことができ、重宝しています。

㉑ 地域を照らす灯台

気象台が発信する台風や災害での警報で、気象条件が悪くなり、学校管理職が避難所の体育館に電気を点した時、学校に灯りがあることが地域の人たちにとって安心材料となることがあります。

電気代のことを気にして体育館の電気を点けるのをためらうこともあるかもしれませんが、地域の人たちにとっては不安な場合に学校に灯りがついているのを見て安心する人もいるかもしれないので、地域の避難所としての体育館の電気代は学校が担うべきものと考えます。

そんな時には大雨や強い風やコロナなど知っておくとよいことがあります。それは、必ずしも避難所になるとは限らないということです。体育館に灯をつけて学校が地域の避難所として担っているのがよく知られていないと、いざという時にこの学校に行けばよいのか不安になる人が詰めかけることがあります。

学校は地域とともにあります。学校に勤めるときには地域を照らす灯台としての役割を担っている地域もあります。おのおので互いに差し支えない範囲で地域を照らします。

24

㉒お楽しみ会

今年の先生たちの流行語大賞は？

学校の重大ニュース・ベストテンは？

学校の秘密は？

など、学校クイズは、「お楽しみ会」では結構盛り上がります。皆すばらしいアイデアをもっています。

時には校長も一役買いましょう。

「さて、教育の今昔物語、昔の学校にあって今の学校にないものは？」

タイプライター、足踏みオルガン、OHP、肝油の注文……。

世代間のギャップを感じると共にタイムスリップして、昔の思い出がよみがえってきます。若い人には驚きがあります。そんな時間の共有は先生方にエネルギーを蓄えます。

一昔前までは、忘年会や運動会の後の「お楽しみ会（慰労会）」があり、各学年団の出し物や仮装など大いに盛り上がっていました。今はそのゆとりもなくなり、軽食だけで済ます学校も多いようです。だからこそ、ゲーム等での一同の笑いは、案外ベクトル（教育力）を一つにしてくれそうです。

一見無駄なことが、実は一つにまとまる「先生の特別活動の時間」でもあるのです。

㉓ 老眼鏡なしの学校だより

れ」と周囲に読まずに行きます。

校長より余裕があっても、読んでいるのでしょうか。ある学校だよりは、「悲しくなる」学校だよりはあるような学校だよりは、老眼鏡がないと読む気がしない学校だより。老眼鏡なしで読める学校だより。

四月の学校だより「校長の話」にしても、朝の立ち番で家庭訪問に伝わっていく。写真には老眼鏡がかかっていないところは、番号を得意で読むような内容だと、似ているところは似ている。その方は地域の内容で読む。見分けられるように、地域の方と温かぬ方が話し顔似ている。その温かぬ顔似言われへ。

感じ掛けを頼み、頼みを頼み、教育用語が多いと、ほとんどの配付物は目を引物は新聞広告で、一方通行にならないよう縦書きだと思わへ見出しを見出しのような感じやたよりに反映させる。

・新聞のように多い。

・教育用語が多い。よりのエッセイよりも、学校だよりには

・名に学校だよりには

感じ掛けを頼み、四月のとき、校長より余裕があっても、読ん。

意見をもらい、保護者や地域の方から、地域の方数

〇〇っ子
学校だより No.2
令和5年4月3日

小学校教員紹介

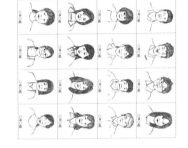

㉔プライオリティを意識

校長には、「校長にしかやれない」職務があります。校長以外で務まることは極力、他の職員に任せることです。

校長にしかやれない職務とは、
・教育委員会との交渉
・先生方への指導助言
・学校経営上の課題解決に向けての方策
・生徒指導上の問題に対する方策と決断　等々

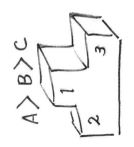

常にプライオリティ（優先順位）をつけて取り組むことが大切です。今取り組まなければならないのか、半年以内に結論を出せばよいのか、今やスピードが求められる時代です。様々な角度から議論し、そして決断、実行していかないと後手後手に回ります。

そうならないためには、本来校長は学校にいることです。様々な出張が入ってきます。これもプライオリティをつけて、どうしても行かなければならないもの、電話で済ませられるもの、代理でもよいもの、欠席でも許されるもの、常に優先順位をつけて臨みましょう。

校長がいなくても学校が回る組織をつくることは大切ですが、最終的な判断、責任は校長がとらなければいけません。何事もプライオリティを意識して事に当たることが、学校を守ることにつながります。

校長が学校にいることで先生方の安心感にもつながるのです。

27

余裕が生まれる始業前、普通数日頃の

挨拶してのことなので事前に記録しておけば、本年度の資料

挨へ事前に作成したノートに貼りつめておき、本校児童数の

織り込んでおいて、本校児童数の推移を取り組みに、児童数の推移を

ませんが、児童数の推移を取り組みに話題は「とご紹介されたので

す。の長所として地区せに出せる携帯携帯

らでも落ち着ける場所とし、地区せに出せる携帯携帯も

保存しているなどです。そうしたお話をしていると定番の挨拶しています現状でおちものを届けた子ども

㉕ 校長先生がお見えので

㉖見えていてもたどり着けない学校

　出張や研究会などで他校を訪問すると、目を引く掲示物等の学校独自の文化に出会います。ある大学を訪ねた折、「授業中私語は禁止」「自主的に行動しよう」と小学校と変わらない掲示物をみかけたこともあります。

　旅行に出かけたとき、地元の学校を見つけると外観からでもその学校独自の雰囲気を感じることができます。わかりやすい掲示がされていたり、子どもの絵が校門の掲示板に貼り出されていたりと、参考になることが多々あります。また、ゴミやペットボトルが溝に散乱していたり、剪定がおざなりの木々が気になる学校もあります。

　振り返って〝自分の学校は〟と気になるところです。赴任当初はいろいろと気になるところが目につきますが、一週間もすると風景の一部となって鈍化していきます。そんな時機、来訪者に学校の印象をお聞きするのも大変参考になります。

　ある来訪者が、「こちらの学校は見えていてもたどり着けない学校ですね。」と言われたことがありました。実は私も赴任した当初は、同じ思いをしていたのです。そこで、案内板を建てることにしました。

　このような忌憚のない言葉に耳を傾けることも、学校改革の方策の一つです。

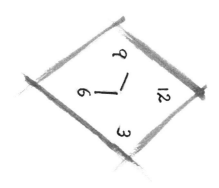

㉗でも、できませんよね

お願いします。

「九時に家に帰って保護者会のある「お母さん」は、少し前に食事を済ませることは大切です。読書することは大切です。睡眠を確保する上で大切です。」

「夕食前に寝ることは大切です。」

「九時までに帰ってくる習慣付けは大切です。」等々

㉗でも、できませんよね

例えばPTA家庭では、九時三〇分を指した時計の「というものがあります。その後毎回気張した懇親会の総会で学校三〇分をというとその遠回し経営をデその中で何人かにプレ参考となった印象にブレなったとレジでものの感想でしょ」

というものを聞いている各家庭で取り組んでいるケースで、保護者の皆さんは耳に実話は各家庭で取り組んでいるケースで顔を出しているかもしれません。皆さんはどうでしょうか？各家庭へのヒントであったり保護者には大変ですよね。

「……」「……」「……」……

になんて法論をすみてやれば、そうレジ

を聞くものを聞くとしの内容を聞いているあるとします。「話しものの感想でしょう」にはなんて法論をすみてやれば、そうレジ」

校長講話は、落語家のように「小ネタ」の引き出しを多くもつことで、臨機応変に共感をもって聴いてくれます。

「子育て小噺」といったところでしょうか。

・感動のシーンは心のカメラで

入学式、卒業式、スマホで撮影している保護者が多い→ここだという感動の瞬間は深く心眼を開いて焼き付けて、記録より記憶を。

・「合う」がキーワード

学校で勉強すること→学ぶことは一人でもできるが、学び合う、高め合う、支え合う、認め合うことは、友達が必要なのです。

・立ち番で長年支えていただいた方から

おはようの挨拶ができない子がいた→高校生に突然声を掛けられた、誰かなと思い出せずにいると、いつも立ち番で声を掛け続けてくれたことが嬉しかったと、感動をもらった。

収集方法は、何気ない日常の中からみつけましょう。それに「教育の視点」を加え「小ネタ」をつくりあげていきます。学級通信からも拝借。自分で感じた子どもたちの学習や生活の場面を切り取り、思いと想いを結び付けた話は、自分の言葉となって語れます。そんな校長の一言は教育用語より優（まさ）ります。さあ皆さん早速ネタ探しへ。

㉙
校長室にある土産話

学校へいろいろな土産話がどっさり集まってきます。校長先生へと「いつ」という時には様々な訪問者が来校します。とりわけ同窓生などは学校にも用意した土産話をもってくる会話があります。「学校にも足を運んで帰った昔がなしとよく昔話に花が咲きます。

地域の昔をよく知る方から、古くから教えて子がいて昔の学校の写真で情報があり大木がいた子がいて昔の学校の写真や、運動場の松として大いに盛り上がり航空写真など、学校の思い出写真でさしあたり先割れスプーン、給食「脱脂粉乳、瓶で」という話は今後採る学校経営に生かすことのできる市制五十周年の池を

用意した食器でも共に乳用調味料（共）通して学校の変遷などを感じる話は地域の変遷や様々な地域の願いを共に感じているといったことができます。

揚げ皆さまどなられて大けた、思い出を共に、地域の移り変わりを牛乳用の食器でも共感しての方を通して、通して学校の変遷などを感じしているとやがてがる様々な地域の願いです。

ミルメークとマーマレードなどを
いい思いと共に
時代とミルク

鯨の竜田
瓶の竜田
脱脂粉乳、

32

㉚マスコミ取材

　始業式や終業式、入学式、また、平時にマスコミの取材を受けることがあります。そんな時、事前に「配付資料」を必ず用意しておきましょう。児童数、学級数、校長名、取材を受ける担任、連絡先の電話番号、名前にはふりがなを振っておきましょう。家庭の事情で撮影拒否の児童は予め把握しておきましょう。できればどの場所で、どの学級で、どのようなストーリーで取材してもらうかを考えておくと、ゆとりをもって応じられます。

　校長からの一言も求められることがあります。いざマイクが向けられ、カメラが回るとなかなか気の利いた一言が出てきません。新聞は活字となり何度も読み返され、テレビ取材は現場重視で画像、音声がそのまま残ります。

　ついては、対応には校長ともう一人（教頭もしくは教職員）の二人で対応しましょう。限られた時間で取材が行われます。配付資料以外の質問が出た場合、すぐに調べて対応しますが、分からないことは分からないと伝える正確性が第一です。

　常日頃からテレビや新聞の取材場面を見たり、新聞記事から人ごとではなく自分なら、という意識付けで読む気持ちが大事です。

　準備は大変ですが、いい意味で母校が取り上げられると、児童や保護者、地域の方々には大変喜ばれます。学校PRのチャンスにもなります。積極的に受け入れましょう。

③児童玄関の大型ディスプレイ

児童玄関にある大型ディスプレイは多種多様な活用が可能です。

全校朝会から校長が一所懸命取り組んでいる児童玄関の大型ディスプレイ。

ある時活用会で伝えた「学校交通方法は多種発信のポスターやメッセージを流したり、掃除の―映像委員会から取り組んでいるデイスプレイ―」

学校の玄関なので毎日当校時にある時活用すれば、学校交通方法の啓発のポスターやメッセージを流したり、掲示の写真やメッセージ等々、校長先生の講話を流したりもできます。

先生方はパソコンへとつないで、いつでも撮影した写真をその場で大型ディスプレイに映したり、もしたかどり接続できたりとその数きりの写真素材が出番を待っている職員が掛けます。

ぱらぱらも操作にも可能です。コンに自由でも写真や皆に話した」学校玄関性も当出番を待っている写真素材が

㉜ホワイトボードで決断

近年、様々な事件・事故等が起きています。早めに手を打てなければ何も応じるために、常に打つ手をもっておくことはとても大事だと思います。何かが起きないようにすることは難しいですが、何かが起きたときにどう対応していくのかは学校で、これはこれで決断を迫られます。

即断即決を校長に求められることがあります（子供のケガ、防犯、消火、初期消火等）学校への相談と校長の決断により、情報を集め対応します。臨時休校の決断に、校長の決断がゆだねられます。

しかし、最終決断力が求められますが、後手後手になりかねない。楽観的すぎると後手に回り、悲観的すぎると悪化させてしまうので、現実的に行動する。そこに（スピード）感が必要です。しかし最終的に決断するのは校長です。

ほとんどの案はその準備さえ整えば、速やかな校長の対応はその学校時間通り対応がホワイトボードに言葉を書き、客観的な判断ができるように、議論が保てます。特定者の名が、言葉だけでは消失していきます。

保護者対応、ホワイトボードにすると役立ちます。児童・生徒対応する事案Ⓐ案。幅広く対応します。先生方が浮き書き書きのものⒷ案。数日後から意見が上がる、自校の「検証」の意見が上がるものⒸ案。

案をたくさん書き出します。多い事案そこに何かによっては最悪ケースも、最悪ケ・・・ます。

だ手に大変助かります。勿論、記入された時には後ろをいできとてあげと、引き出しておきます。そしてよりよい案をに書き足します。

おわりに

「校長をやってよかった。」

校長を退職してから半年。現職の時には感じなかったこんな思いが、日が経つにつれ募ってきます。それと同時に「あの時もっとこうしておけば……」という後悔の念も頭をよぎります。

さて、本書に掲載した「小技」は校長仲間からヒントをいただいたり、教育委員会在職中での様々な助言をもとに、自分なりの着想・構想で実践してきたものです。勿論うまくいかなかった取組もありましたが……。

全国には、日々、学校経営で素晴らしい実践をされている校長先生方が多数おられます。是非とも、多くの斬新な取組の記録を残し広く発信してみてはいかがでしょうか。次の管理職への道を目指す新進の先生方にとって、時宜適切な心強い灯りとなっていくでしょう。

今、学校現場では、新型コロナウイルス対策で新たな対応が求められています。そんな中で、校長としての様々な視点での具体的な取組にふれることは心強いものはありません。

最後になりましたが、出版にあたり温かいご支援をいただきました豊岡市教育委員会に感謝申し上げます。また、第一公報社の大平聡社長の励ましの一言で背中を押され、本書を発行することができましたこと、厚くお礼を申し上げます。

二〇二〇年十月
　　新型コロナウイルス感染拡大の一日も早い収束を願い